Clifford veut patiner

Sarah Fisch
Illustrations de Jim Durk

Texte français d'Isabelle Allard

D'après les livres de la collection
« Clifford, le gros chien rouge » de Norman Bridwell

Copyright © Scholastic Entertainment Inc., 2007.
Copyright © Éditions Scholastic, 2007, pour le texte français.
Tous droits réservés.

ISBN-10 0-545-99872-7
ISBN-13 978-0-545-99872-7
Titre original : Clifford's puppy days – Skating With Friends

Conception graphique : Michael Massen
D'après les livres de la collection CLIFFORD, LE GROS CHIEN ROUGE publiés par les Éditions Scholastic.
MC et Copyright © Norman Bridwell.
SCHOLASTIC et les logos connexes sont des marques de commerce ou des marques déposées de Scholastic Inc.
CLIFFORD, CLIFFORD LE GROS CHIEN ROUGE, CLIFFORD TOUT P'TIT et les logos connexes
sont des marques de commerce ou des marques déposées de Norman Bridwell.

Édition publiée par les Éditions Scholastic, 604, rue King Ouest, Toronto (Ontario) M5V 1E1.

5 4 3 2 1   Imprimé au Canada   07 08 09 10 11

Éditions
◼ SCHOLASTIC

C'est le mois de janvier, la période
la plus froide de l'année.

Le terrain de jeu est recouvert
de neige toute blanche.

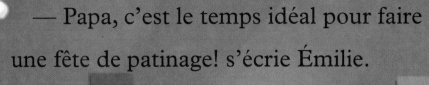

— Papa, c'est le temps idéal pour faire une fête de patinage! s'écrie Émilie.

« Une fête de patinage? » pense Clifford.

Il n'a jamais entendu parler de patinage.

Mais il adore les fêtes!

Émilie est si contente qu'elle mange son souper avec ses patins aux pieds.

— Émilie veut faire une fête de patinage, dit M. Mignon.

— Est-ce que je peux, maman? demande Émilie. Dis oui, s'il te plaît!

— D'accord, répond sa mère. Invite quelques amis et nous irons à la patinoire du parc.

— HOURRA! s'écrie Émilie.

— C'est quoi, le patinage? demande Clifford à M. Kaminski.

— C'est un sport où les gens portent des bottes spéciales pour glisser sur la glace, explique M. Kaminski.

— Ça a l'air amusant! dit Clifford.

M. Kaminski éclate de rire.

— Les chiens ne patinent pas, Clifford!

— Pourquoi pas? demande Clifford.

— Il n'y a pas de patins pour les chiots,
dit Mme Kaminski.

— Ni pour les souris, soupire la cadette
des Kaminski.

Jonquille rit, elle aussi.

— Le patin, ce n'est pas pour les chiots, voyons!

— Il peut quand même essayer, dit Figaro.

— Mais oui, dit Clifford.

Le jour de la fête arrive. Clifford est tout excité.

Le parc est très joli sous son manteau de neige.

—Vas-tu patiner, Gontran? demande
Clifford.

—Tu blagues? répond Gontran en riant.

— Oh, regardez la glace! dit Nina.

— Elle est lisse comme un miroir,
dit Émilie. Enfilons nos patins!

Bientôt, les enfants filent sur la glace.

Nina fait des pirouettes gracieuses.

Shan patine à reculons!

Yvan est très rapide.

Émilie peut même patiner sur un seul pied!

Clifford ne peut pas résister. Il court vers la patinoire.

— Regarde-moi! crie-t-il à Gontran.

Mais Clifford ne fait pas de pirouettes,

de sauts ou d'arabesques.

Il glisse, trébuche, dérape et...

BOUM!

Il tombe sur la glace dure et froide.

Le petit chiot rouge essaie de se remettre sur ses pattes, mais la glace est trop glissante!

Émilie le prend dans ses bras.

— Que tu es bête! dit-elle en souriant.

Clifford se sent tout piteux.

— Le patin, ce n'est pas pour les chiots,
dit Émilie.

Elle lui tapote la tête et le dépose dans la
neige.

— Ne sois pas triste, Clifford, dit Gontran.
Tu as été brave d'essayer quelque chose de
nouveau. Maintenant, allons jouer!

Clifford est heureux que Gontran soit là.

Les deux chiens creusent des trous dans

la neige.

Puis ils s'amusent à faire la course avec Yvan!

Pendant que le garçon patine, ils courent en bordure de la patinoire.

Pendant que le soleil se couche, Émilie prend Clifford dans ses bras et lui fait faire le tour de la patinoire.

Tout le monde applaudit Clifford.

— Après tout, le patin, c'est aussi pour les chiots! dit Émilie en riant.

Te souviens-tu

Encercle la bonne réponse.

1. Que porte Émilie pendant le souper?

    a. Des patins

    b. Des palmes

    c. Un chapeau de cow-boy

2. Où se trouve la patinoire?

    a. Dans l'immeuble

    b. Au parc

    c. À l'école

Qu'est-il arrivé en premier?

Qu'est-ce qui s'est passé ensuite?

Qu'est-il arrivé en dernier?

Écris 1, 2 ou 3 dans l'espace qui suit chaque phrase :

Clifford tombe sur la glace. _____

Émilie veut organiser une fête de patinage. _____

Clifford et Gontran creusent des trous dans la neige. _____

Réponses :

Clifford et Gontran creusent des trous dans la neige. (3)

Émilie veut organiser une fête de patinage. (1)

Clifford tombe sur la glace. (2)

2. b

1. a